L'AUTRICE

Bernadette Perricone Ucci, nata a Palermo nel 1950, si è laureata in scienze politiche.

Giornalista e scrittrice, impegnata nel campo delle comunicazioni sociali, ha fondato nel 2009 l'Associazione Internazionale Life Preserver Onlus con lo scopo di educare all'amore per la vita.

OPERE PUBBLICATE

Lettere al cielo
Sacerdoti al bivio
Lettere ai laici
Nessuno si senta mai solo
Il testamento dell'uomo
Manuale di Contemplazione
  - *Ascolto ed esperienza dell'eterno*
Raccolta di pensieri
Per le vie di Roma con Dio nel cuore
Non c'è altra soluzione che l'amore
Creato, Creatore e creature
Verità Conoscenza Preghiera

GUIDE PER FORMATORI

Vita fra sogno ed esperienza - settore bambini
Ragione, libertà e identità - settore adolescenti
L'uomo e la sua anima spirituale - settore giovani
Sui passi dell'anima
  - *Vademecum spirituale con esercitazioni pratiche*

Edizione 2018

By Onlus Internazionale Life Preserver
Sede generale - Italy
Pescara - c.so Vittorio Emanuele n. 59
info@lifepreserver.eu
tel 3663024361
www.lifepreserver.eu
www.bernadetteucci.it

Bernadette Perricone Ucci

Salmi
d'oggi

Dedicato a

Oh Maria!

*Madre provvida
e tenerissima,
Madre cara
e incomparabilmente umile,
Madre trafitta,
Madre che attendi,
Madre che preghi!*

*Quanto più
i tratti umani dei tuoi figli
si contraggono e si deformano,
tanto più
la tua maternità verginale
viene in loro soccorso.*

*Dimentichi le offese,
doni le tue amabili cure.*

*Infondi fiducia,
riabiliti all'amore.*

MARIA MADRE DI DIO E MADRE NOSTRA

*O pura, o bella, o pia,
l'ombra dei giorni terreni
si dirada al chiarore del tuo sguardo.*

*Redenti dal sangue del tuo divin Figlio,
noi, figli tuoi amatissimi,
veniamo a te, nostro sicuro rifugio.*

*Maestra dei credenti,
tu ci insegni a pregare con fede.
Modello di umiltà,
ci disponi alla mitezza.
Vergine obbediente,
ci educhi all'obbedienza,
Madre dell'amore,
celeste dimora delle nostre speranze,
tu ci insegni ad amare.*

*O amabile, o pietosa,
sostienici nel nostro difficile cammino,
fino all'alba del giorno che non muore!*

DIO DELLA MIA ESULTANZA

Salve, Dio della mia esultanza,
gioia e fondamento dell'anima mia!
Salve, Presenza forte e viva
dei miei giorni terreni!
Salve!

Sovrano,
Padre e Autore della mia esultanza,
salve!

Conducimi a te,
portami alle nozze dell'Amore,
affinché nell'amore io ti riconosca
e viva.

Il mio canto si unisce
al canto dell'intera Creazione
e io eleggo te
a mia dimora.

Nella tua volontà
vivo la mia volontà,
nella tua vita
scopro la mia vita,
nel tuo amore
la gioia
e nella gioia
il mio bene senza fine.

PRESENZA CHE TI CELI E TI RIVELI

Ti cerco, mio Dio, guardando verso l'alto
e tu mi rispondi dal cuore.
Ti tendo le braccia
e sono già dentro il tuo abbraccio.
Mi perdo fra le cose del mondo
e tu mi riempi l'anima di cielo,
il cuore di pace,
la mente delle tue sante ragioni.

Hai vinto, mio Dio!
Tu, il Vittorioso per natura,
hai vinto ogni mia resistenza.

Parlami, Presenza sfuggente
che ti celi e ti riveli,
eterna Verità,
giorno senza tramonto,
Voce autorevole che taci per farti ascoltare,
Luce che ti nascondi dietro l'ombra del tempo,
mistero mai afferrato e sempre conosciuto!

Parlami!
Fammi ascoltare il suono delle tue parole!

CHE IO TI CONOSCA, MIO DIO

Che io ti conosca, mio Dio,
e in te conosca me.

Bellezza immacolata nutrimi di te,
apri il mio spirito alle tue meraviglie.
Mente maestosa,
Mano sapiente,
sommo Artefice della creazione, incantami,
rapiscimi dentro la sublimità delle tue perfezioni.

Voglio contemplare le tue altezze,
inabissarmi in te,
perdermi nel tuo infinito bene,
consumare il mio tempo nello stupore,
vivere di eternità già adesso.

Che io ti conosca, mio Dio.
Il tuo Volto imprimi nella mia memoria,
i tuoi attributi nel mio cuore,
la tua presenza nell'anima mia.

CATTURAMI NEL TUO CUORE

Signore, io reggo il mio presente così com'è,
con la mia mente e il mio cuore,
ma tu reggi il mio presente, il mio cuore e me.

Tu guidi il mio tempo di cui tutto conosci,
eppure mi dai libertà di pensarti o dimenticarti,
di seguirti o resistere al tuo amore.

Inganni e pericoli mi circondano
e rischierei di perdermi se tu non mi soccorressi,
eppure conto sulle mie sicurezze.

Vivo dentro il tuo cuore e non lo so.
La tua vigilante provvidenza sempre mi protegge,
eppure io mi inorgoglisco delle mie presunzioni.

Non distogli mai il tuo sguardo da me
e io guardo altrove.

Bussi al mio cuore
e io penso che siano altri a bussare.

Tua è la gloria in ogni tempo
e io rincorro la mia vanagloria
nel mio breve tempo.

Ma tu, Signore,
catturami nel tuo Cuore
e legami a te che sei la mia libertà,
affinché non abbia ad allontanarmi mai più da te.

L'ETERNO È GIÀ QUI

L'eterno, mio Dio, non è ciò che attendo,
è ciò che vivo in te.
L'eterno è in me che ti appartengo,
nei miei pensieri innamorati,
nell'anima mia che ti contempla,
nel mio sogno reale che sei tu.

Tu sei l'eterno,
o sovrana misteriosa Bellezza,
antica e attuale,
mirabilmente scesa fino a noi,
resa palpabile ai sensi dei miseri
e documentabile nella storia dell'umanità!

Tu sei ovunque il bene vuole essere pensato,
ovunque c'è vita e amore.
Le viscere della terra e le vette dei monti
parlano di te.

Tu sei l'eterno, o Dio pietoso,
che da Infinito ti sei fatto finito,
da Onnipotente ti sei reso impotente,
da Sapiente a folle d'amore
per dimostrare che l'amore
è la corona della sapienza.

LA MIA FEDE D'OGGI

Voglio credere in te oggi, Signore.
Voglio averti fiducia oggi,
fra le spine che vogliono fermare
il mio passo verso di te.
Voglio liberare il mio cuore da ogni timore,
darti onore e compiacerti con la mia fede.

La fede, madrina del mio battesimo di felicità,
è la beatitudine dell'anima mia,
accorcia le distanze fra il tempo e l'eterno,
fra piccolezza e grandezza,
fra ignoranza e conoscenza.

Intesa d'amore,
splendido scambio di doni fra cielo e terra,
è la mia fede d'oggi:
io ti offro la mia piena fiducia
e tu mi ammanti della tua grazia,
Dio di ogni bontà.

O Sapienza infinita,
Bene supremo,
inconcepibile Misericordia,
sorprendente Provvidenza,
Vita e Speranza del mio vivere,
ti dono la mia fede d'oggi.
Depongo ai tuoi piedi i miei affanni.
Con il vestito della spensieratezza
ti vengo incontro cantando il mio credo.

L'UOMO HA LE CHIAVI
DELLA SUA PRIGIONE

Rintocchi di morte riecheggiano
in ogni parte del nostro pianeta.
Tutto è predisposto per celare il tuo Volto,
Dio e Padre dell'umanità.
Eppure l'intero universo rimanda a te.

I tuoi figli ti nominano per depredarti
e poi tenerti lontano.
Fabbricano il loro benessere
sulla venerazione di se stessi.

Convinti di non aver bisogno d'altro
che del loro personale potere,
perdono l'unico reale potere che hanno:
quello di volgersi a te,
unica fonte della loro ricchezza.

Tu li guardi, affinché recuperino la vista,
li segui per restituirli alla vita,
li scuoti in mille modi
per svegliare la loro coscienza.
Ma essi ti fuggono, ti sono nemici perfino.

Chiamano, come loro avvocato
contro di te, la scienza.
Non considerano che è proprio la scienza
a spiegare le meraviglie fatte dalle tue Mani.
Stolti e ciechi, tanto ti avversano
per affermare la loro sovranità infelice!
Ma dalla loro superbia tu non puoi liberarli.
Solo loro hanno le chiavi della loro prigione.

NOI, IL SOGNO DI DIO

In te, Cristo,
contemplo le sembianze del divino Amore
riflesse nello specchio dell'anima mia.
Le contemplo e vi trovo riposo,
consolazione, insegnamento.

In te assaporo ogni ricomposta armonia
del bello e del bene,
recupero l'equilibrio della mia umanità,
mi ritrovo nelle fragilità
che mi accomunano agli altri,
mi compenetro nelle affinità che ci uniscono,
apprezzo le diversità che segnano
la meravigliosa unicità di ognuno di noi.

In ogni creatura ritrovo il tuo sogno, Dio.
O, se ognuno di noi acconsentisse
a lasciarti realizzare il tuo sogno su di sé!
I nostri volti somiglierebbero
a quello del tuo Figlio
e il nostro sorriso
a quello di tutto il creato.

COME UNA FARFALLA SUL TUO COSTATO

Come una farfalla
è l'anima mia
sulla ferita del tuo costato.
Come una farfalla
gusto il nettare del tuo amore.
Come una farfalla, senza pesarti,
mi poso leggera sul tuo Cuore.

È per non farti sentire solo,
per dirti la mia gratitudine,
per farti festa con la mia vivacità,
per raccontarti con un battito d'ali
la mia gioia per la libertà ritrovata,
mio Dio, fatto Uomo per l'uomo
e da lui stesso trafitto.

O mio Dio, Redentore innamorato,
sceso dal cielo per la vittoria della bontà
e condannato dalla cattiveria della menzogna,
con la leggerezza di una farfalla
voglio consolare te che sei il mio Consolatore.

Le mie ali, ora insanguinate,
sono tinte di porpora
come il tuo mantello regale.
Eccomi, Signore,
felicemente innamorata,
fragile e fiera di stare con te.

PRIMA CHE NASCESSI

Ti guardo nello specchio dell'anima mia,
oltre i rilievi dei monti,
oltre l'orizzonte del mare.
Ti guardo e ti penso, mio Dio,
e il mio cuore si espande.

Ti penso e ti contemplo oltre le lacrime,
oltre la stretta che mi serra il cuore,
oltre le luci artificiali del mio tempo.

Ti penso e ti ripeto il mio amore,
o mio Signore.
Dal cuore sgorga spontaneo
il mio canto d'amore per te.
Non prepara prima le sue note;
come una musica già conosciuta
sale a te dall'anima mia.
Tu l'hai composto per me prima che nascessi.
E ora è dolce per il tuo cuore di Padre
ascoltarlo cantato da me.

Sempre uguale e sempre diverso,
oggi come ieri, nuovo e antico,
è il canto che tu hai scelto per me
prima del mio tempo.

IL BATTITO DELLA VITA

O Gesù, mio caro e amato Bene,
mio generoso Re,
Fratello, Amico,
Maestro, Compagno,
Gioia e Consolazione dei miei giorni terreni,
ti dono i miei occhi,
affinché siano carichi della tua compassione;
ti affido le mie labbra,
perché pronuncino solo parole benevole;
ti offro il mio cuore,
affinché si riempia del tuo amore.

Prendi le mie mani
per sostenere i miei fratelli nel dolore,
la mia ragione
per portare le tue ragioni,
il mio pentimento
per confondere l'umana superbia,
la mia nostalgia di cielo
per cantarti nelle vie del mondo.

Prendi i palpiti del mio cuore,
affinché formino un unico suono
con quelli del tuo, lo stesso suono
del battito della vita fra cielo e terra.

DIETRO IL BUIO

Smarrimento e timore
sembrano gareggiare per sopprimermi.
Il languore del cuore mi serra l'anima,
il sentimento del niente vuole opprimermi.
Sento venir meno la forza di combattere
ma dietro il buio tu, come sempre,
sei vivo e all'opera.

Vieni a visitarmi, Signore,
perché la mia vita sta per spegnersi.
Vieni e parlami ancora di te.
Vieni e tocca il mio cuore.
Vieni e dai alla mia anima
l'ossigeno di cui ha bisogno.

Tu, sfavillante Verità,
che inquieti le coscienze torbide,
tu, Sole di giustizia
che oggi prepari la vittoria di domani,
tu, Gloria immortale pronta a manifestarti,
lascia filtrare in questo buio
un po' della tua luce.

RIVELATI

Rivelati,
incandescenza innamorata,
esplosione di vittoria!

Rivelati!

Sole senza tramonto,
fulgida Gioia,
smisurato Bene,
rivelati!

Rivelati, Re di gloria!

Cessi ogni arroganza,
l'uomo diventi ciò che era.

CREATURE FRA LE MANI DEL CREATORE

Il motivo del nostro esistere
è essere tuoi, Signore.
Essere incondizionatamente tuoi
è la ragione sovrana della nostra vita.
Tutte le altre ragioni umane le sono suddite.
Essere semplicemente tuoi,
lasciarsi lavorare da te,
in questo è la nostra utilità
e il nostro miglior essere.

Il tuo mistero autorevole ci racchiude in se stesso,
la tua forza vitale è l'ossigeno del nostro spirito.
Amministratore di ogni bene
accresci il bene che ancora c'è in noi,
orienta la direzione dei nostri sentimenti,
dirigi i percorsi della nostra mente, attiraci a te.
Ogni nostro gesto sia guidato dalla tua grazia.

Nel nostro cuore sia la tua pace,
nella nostra memoria la tua dolcezza,
nella nostra volontà la gioia di seguirti.
Le tue dita scorrano sull'anima nostra
come sulle corde di un'arpa.
E sarà la stessa melodia che mosse la Creazione.

NOSTALGIA DI CIELO

In te mi perdo nell'infinito bene, mio Dio.
Quando verrà l'ultimo mio giorno?
Domani forse?
Voglio immaginarmi come sarà
quando trarrai l'anima mia
fuori dalla prigione di questo corpo.

Oh la tua misericordia, Signore!
Come sarà il suo abbraccio?
Voglio pensarlo già adesso.
Quale abisso è il tuo amore!
Nessuno può comprenderlo
ma tutti vi siamo raccolti.

Il tempo si perde in se stesso
davanti a te, Signore.
Ed è solo stupore.
Tutto pare fermarsi.
Eppure c'è vita, vita senza fine,
vita che tutto avvolge,
tutto trasforma,
tutto fa nuovo.

Oh eterno divenire dell'Essere,
eterna Verità!
Tanto rapisci il mio cuore
che il tempo a stento mi trattiene fra le sue corde.

DIO, NOSTRA SICURA SPERANZA

Regale avanzi nell'anima nostra,
divino Condottiero delle nostre vite.

Non armi violente nei tuoi combattimenti,
né suoni di tromba alla vittoria.
La nostra arma, credere in te.
Il tuo premio, la pace.
La nostra compagnia, la speranza.

Dio, nostra speranza e nostra sicura difesa,
non ci fanno più paura
i minacciosi fantasmi di ieri.
Tu ci infondi fiducia.

Con te non temiamo le trame subdole
che si nutrono di menzogna,
né la mediocrità che opprime lo spirito,
né l'ignavia che fa appassire gli animi.

Non è lontano il giorno dell'ultima battaglia
ma il nostro campo non resterà scoperto.

La speranza rafforza la nostra fede
e moltiplica la nostra riconoscenza.
Quando tornerà l'ora della prova,
sarà ancora la speranza a parlarci di te.

VOGLIO ESSERE LA TUA CONSOLAZIONE

Rendimi, Padre, docile all'opera della tua grazia.
Manovra e dirigi l'anima mia,
Dio e Padre della mia esistenza,
regola i suoi movimenti nel tempo,
secondo il disegno della tua volontà.

All'opera delle tue mani voglio gioire,
offrirti la mia eterna fanciullezza,
consolarmi per essere la tua consolazione.

Non mi separi dalle tue leggi
la terra con le sue leggi.
Né mi allontani dalla tua sapienza
la mia presunzione di sapere.
Non invecchi l'anima mia
lontano dall'innocenza
e non disperi mai il mio cuore
lontano dalla fede.

Che io creda in te
e acconsenta a lasciarmi portare
dal tuo braccio divino,
non recalcitri di fronte alle difficoltà
e non mi lasci dominare dai fantasmi della paura.
Che io combatta le battaglie più ardue
pensandoti al mio fianco,
con lo sguardo fisso alla vittoria finale.

DOLORE ANTICO, DOLORE NUOVO

Dolore antico, dolore nuovo,
compagno assiduo della vita mia,
ti ho incontrato entrando nella vita
e non mi è mai mancata la tua compagnia.
Mai ti annunci, sempre sorprendi.
A volte arrivi come un uragano
e devasti e annienti ogni cosa.
Altre penetri sottilmente nel profondo
fino a trovare una strada sotterranea
dove stabilirti nella malinconia.

Dolore antico, dolore nuovo,
quando ti facesti più acuto
mi lacerasti l'anima.
E fu perché nel dolore più profondo
io conoscessi in Dio l'amore.

Tu, mio Dio, eri in me da sempre
ma io non ti vedevo.
E, quando dal cuore mi parlasti
con parole di Padre divino,
i tuoi accenti scoprirono nell'anima mia
l'antichissima parentela con te.
La mia vita era nelle tue mani da sempre
ma ora ero io ad affidartela,
ora ero io ad acconsentire ad essere tua,
ora ero io a desiderarti per amarti e adorarti.

Amore innamorato, Amore non amato,
Amore dimenticato, Amore mai raggiunto,
Amore misterioso, Amore sempre presente,
tu solo hai placato il mio dolore.
Tu solo hai dissolto tutte le mie paure.

Cosa avevo più da temere?
La solitudine forse?
Tu eri la mia compagnia.

La malattia?
Tu la portavi con me.

I combattimenti più ardui?
Tu eri la mia pace.

L'ingiustizia?
Tu eri il mio avvocato.

La prigionia del mio amor proprio?
Tu eri la mia libertà.

Mio Dio, ogni pena hai reso amabile
nel crogiolo del tuo amore.

ANCORA UNA VOLTA, SIGNORE

Uomini e donne cercano l'amore
lontano da te, mio Dio,
e per questo motivo non trovano riposo.

Per amore piangono.
Per amore sperano.
Per amore si tolgono la vita.

Tu, che sei l'Amore,
sei davanti a loro ma non ti vedono,
sei dentro di loro ma non ti sentono,
sei attorno a loro
per ammantarli di luce,
ma essi preferiscono i riflettori
delle scene del mondo.

Nella notte li vegli,
ma i loro sogni sono altrove.

Tu, ragione della ragione,
sei messo fuori dalle loro ragioni,
fonte della vita,
sei escluso dalla loro vita.

Non nasconderti più, Signore!
Non farlo, perché noi non sapremmo ritrovarti.

Ancora una volta chinati su di noi,
raccoglici dalle nostre miserabili sicurezze,
prendici sulle tue ginocchia di Padre.
Forse, riposando sul tuo Cuore,
riusciremo ad ascoltarti.
Conquistaci al suono della tua musica interiore.
Ti apparteniamo.
Ci hai fatti per te.

Ancora una volta, Signore,
ancora una volta chinati su di noi,
cura le nostre ferite,
forma in noi un cuore nuovo.
Donaci di piangere del tuo pianto,
di sorridere del tuo sorriso,
di avere pensieri figli dei tuoi pensieri,
sentimenti nutriti dal tuo amore,
buona memoria della tua paternità divina.

CUSTODISCI IL MIO CUORE NEL TUO

Il mio lamento rimane lontano da te,
se la mia attenzione è volta
ai miei desideri delusi
e non ai tuoi desideri divini inascoltati.

Mio Dio,
consegno nelle tue Mani il mio cuore
che trema e teme,
per poi di nuovo sperare
e tornare a confidare in te,
perché questo tu desideri, Signore.

Ma tu, mio Dio, custodisci il mio cuore nel tuo,
del tuo dolore e del tuo amore nutrilo.
Ogni ombra si dilegui nella tua luce
e illumini il mio discernimento
su ciò che è bene o male ai tuoi occhi.

Che io ti riconosca,
ti elegga guida della mia vita
e tutto dirotti verso te.
Ti distinguano chiaramente
gli occhi della mia fede,
o Dio che ti diletti di abitare
nel cuore delle tue creature,
o Dio che ti fai cercare fino a quando
non avvertiamo viva la tua Presenza in noi.

MOSTRACI ANCORA IL TUO VOLTO

Tu sei la nostra felicità
e noi tristemente viviamo il nostro presente,
tristemente ci volgiamo a te,
tristemente pensiamo al futuro.
Appesantiti, confusi, depressi,
ti cerchiamo dove tu non sei,
ti immaginiamo come tu non sei.

Incapaci, miopi, indeboliti,
portiamo pesantemente il nostro tempo.

Dov'è, Signore, la nostra gioia di salvati?
Dov'è il canto soave dell'amore
che tu ci hai donato?

Dio immolato e trafitto per noi,
perché tarda tanto la conversione
dell'umanità redenta?

Mostraci ancora una volta il tuo volto, Signore!
Come un baleno
nel buio della notte
rivelati in tutta la tua gloria.
Come una folgore
accendi le coscienze.
Come un vento impetuoso
spazza via dalla terra ogni abominevole potere,
spodesta dal suo trono la menzogna usurpatrice.

Risplenda finalmente la luce radiosa della verità.

TI RIPETO IL MIO "SÌ"

Ti ripeto il mio "sì", Eternità d'amore.
Ti ripeto il mio "sì", Bellezza senza tempo.
Ti ripeto il mio "sì", mio glorioso Signore,
mia forza, mio rifugio, mia difesa, mia certezza.

Come un canto d'amore ti ripeto il mio "sì".
Ed ecco, il tuo amore e quello umano
s'incontrano, l'intera creazione
si ricompone nel suo ordine,
maturano i frutti del tuo tocco divino
che tutto volle per il bello e il bene.

O, se ogni uomo dicesse solo un piccolo "sì"!
Quanto leggere sarebbero le tue vie, Signore!

Di tanti piccoli "sì"
ha bisogno la terra,
piccoli come le margherite di un prato,
come il cinguettio di allegri passeri.
Tanti piccoli "sì"
aspetta il tuo Cuore di Padre divino
come una dolce melodia che da Nazareth
raggiunge tutta la terra.

Nella piccolezza di un "sì",
la chiave della nostra grandezza.
Nella piccolezza di un "sì",
la libertà dalle catene del nostro "io".
Nella piccolezza di un "sì",
la nostra felice adesione ad essere tuoi,
Padre e Governatore della nostra vita.

NOI IN TE E TU IN NOI

Quando ti cerco, mio Dio,
non distinguo se sono io a cercare te
oppure tu a cercare me.

Tu sei dentro e oltre me,
dentro e oltre le misure dello spazio e del tempo.
L'intero universo rimanda a te che l'hai creato.

Celato dietro le forme del mondo
e fra le pieghe della nostra natura,
tu sei, mio Dio, sempre presente,
immutato nel tuo fascino di verità,
nel tuo richiamo, nella tua compassione,
nella dolcezza ineffabile che invade il cuore
di ogni uomo che ti scopre.

Parli nel silenzio,
guardi nel buio,
vegli nel sonno.
Ti avverte la mente
e ti si assoggetta il cuore
che sceglie in te la sua dimora.

Verità viva, Verità eterna,
Verità increata, Verità paterna,
ogni uomo può dire di esser vivo
solo se mantiene la volontà di restare in te,
che sei Vita della sua vita.

L' UOMO DIO

Come un bambino nascosto dentro me,
ti sento nel mio cuore.
A volte sonnecchi e non ti sento più
e mi addormento anch'io con te,
ma, appena ti ridesti,
si risveglia il mio cuore
e vivo del tuo bene,
Vita che mi hai forgiato nel seno di mia madre,
Vita che dai motivo e colore a tutto il mio essere.

Cresci, cresci Dio Bambino in me,
fino a occupare tutta me stessa.

Canto con te i tuoi canti di Dio che si fa infante
per intenerire il nostro cuore.
Ascolto le tue parole divine di adulto,
mi nutro dei tuoi insegnamenti,
prego con te che ci insegnasti
a chiamare Dio Padre.
Soffro con te, Uomo Dio,
esposto alla barbarie degli uomini.

Bacio il tuo Volto divino sfigurato dalla Passione,
carezzo i tuoi piedi forati
di Dio divenuto Uomo dei dolori,
crocifisso, morto e risorto
per aprirci le porte del cielo.

Attendo di contemplarti nella gloria eterna.
E sarà presto. E sarà domani.

PERDONAMI

Mio dolce Gesù,
mio Dio e mio Re,
perdonami se,
guardando in basso,
ho smarrito l'immagine del tuo Volto
e ho dimenticato la dolcezza soave
della tua Presenza.

Se ho lasciato che le cose passeggere
mi asservissero,
se ho ceduto alle intemperie della paura,
se ho permesso alle nubi della confusione
di offuscare i miei giorni,
perdonami.

Ancora una volta accoglimi
nella tua misericordia.
E tornerà la pace nel mio cuore.

Lascia che ancora sperimenti te in me,
eterna Verità d'amore, Vita del mio vivere.

ECCOMI, MIO SOSPIRATO DIO

Eccomi mio sospirato Dio,
ignorato, cercato
e poi di nuovo dimenticato
e infine riscoperto fra le anse del dolore.

Amore sovrano,
mio Re, mio tutto,
eccomi.
Donami la vita che viene dall'amarti.

Mi hai rincorso a lungo,
ma solo ora io mi arrendo al tuo amore.

Ti amo dietro la coltre
di questo tempo sospeso
fra la vita e la morte.

Ti amo e mi consola l'amarti.
Ti amo e sono dentro il tuo amore.
Ti penso e sono dentro i tuoi pensieri.

Ti sogno e sono dentro i tuoi sogni.
Ti parlo e sono le tue parole.
Ti sorrido ed è il tuo sorriso sulle mie labbra.

Nel tuo Cuore riparo il mio cuore.
Il tuo amore è per me
caparra della gioia eterna che mi attende.

Eccomi, mio sospirato Dio,
alla festa dell'incontro conducimi.

I TUOI LINEAMENTI
NEI SANTI D'OGNI TEMPO

Penso ai tuoi figli, mio Dio,
confusi e sparsi per le strade del mondo.
Sguardi assenti di uomini spenti,
guance scavate di vecchi soli,
bambini depredati della loro innocenza,
giovani stanchi ancor prima di vivere,
donne sconfitte nelle loro illusioni,
malati in attesa dell'ultima ora.

Un'umanità contesa da dominanti paure
mostra al mondo un'immagine di te
scolorita dal tempo, Signore!
Ma tu regali al mondo
anime grandi nella fede,
santificate dal tuo Spirito,
dirette dalla tua Mano,
accese dal tuo Amore.
Per mezzo loro carezzi i tuoi figli.
Per la loro opera dimostri la vittoria del bene
sulla desolazione del male.
Per la loro fedeltà
mostri al mondo
la bellezza delle celesti armonie.
Per il loro esempio
restituisci alla storia
la memoria dei tuoi lineamenti.

EUCARISTIA, TEMPO FUORI DAL TEMPO

Ti guardo, mio Dio,
nelle tue sembianze eucaristiche
e contemplo la tua Presenza
viva in mezzo a noi.

Dio, che ti fai Carne
per entrare nella mia carne,
che ti fai Sangue
per circolare nelle mie vene,
che ti fai Pane
per saziare la fame dell'anima mia,
trasformami in chi tu vuoi che io sia.

Vita che dai la vita,
nutrimento del mio spirito,
ricostruisci sulle vecchie rovine
la tua nuova dimora in me
e introducimi nel tuo infinito bene.

Come le varietà dei fiori in un verde prato
sia la tua grazia nell'anima mia.

O viva Eucaristia, dolce comunione con Dio,
anticipo di eternità, trattienimi in te!

O viva Eucaristia,
tempo sospeso fra cielo e terra,
tempo irretito nei divini misteri,
tempo di gioia senza fine,
tempo di vita senza tramonto
è il tempo in cui mi cibo di te.

Tempo di fedeltà all'Amore,
tempo di sogno e di realtà,
tempo di speranza, di azione e di preghiera,
tempo fuori dal tempo,
tempo di pace,
tempo eucaristico,
parlami ancora di Dio,
trattienimi al cospetto della sua regale Presenza.

Voglio stare ancora con il mio Dio
che vuole stare con me.

GRAZIE, MIO DIO

Grazie, mio Dio,
per avermi chiamato alla vita!
Grazie!

Voglio dichiararti la mia gratitudine,
Dio fedele e paziente,
ricomporre il mio essere
dentro l'ordine dell'opera tua,
liberare in te la mia libertà.

Artefice e Custode della mia vita,
Mente, che hai contato i palpiti del mio cuore,
nella tua sapienza voglio ritrovarmi,
alla tua paternità sottopormi.

Hai divelto le mie sicurezze,
hai frantumato i miei progetti,
hai spezzato le catene della mia superbia.

Grazie, mio Dio!
Grazie per i tuoi silenzi,
per il tuo celarti,
per i tuoi lampi nella mia coscienza.

Grazie,
perché mi hai privato delle mie false ricchezze,
perché mi hai dato molto di più
di quello che non osavo sperare.

Grazie,
perché mi hai liberato
dalle inquietudini,
dall'esuberanza delle cose inutili,
dalle insidiose paure.

Grazie,
perché hai riportato la quiete nel mio cuore,
la gioia nel mio spirito,
la speranza nei miei sogni,
il coraggio nelle mie azioni,
la perseveranza nella mia fede.

Grazie,
perché sei con me di giorno e di notte,
quando apro gli occhi al mattino,
e quando li chiudo la sera.

Grazie, mio Dio, di avermi conservato la vita
per viverla con te.
Nelle tue cure, la mia salute,
nel tuo amore, il mio riposo,
nella tua giustizia, la mia vittoria,
nella tua verità, la mia eternità di gioia.

LA MIA VITA IN DIO

Solo in te, mio Dio, posso rifugiarmi
pur se il mio vestito è vecchio e logoro.

Con il tuo perdono mi accogli,
con la tua correzione mi ammaestri,
con il tuo incoraggiamento mi sproni,
con la tua tenerezza mi consoli.

La tua misericordia cancella le ombre del passato
e ancora una volta mi offre nuove possibilità
di arrivare a te con i miei passi.
Tu nascostamente mi precedi.
La tua mano mi sorregge.
Il tuo sguardo mi dà forza.
La tua fedeltà mette alla prova la mia fedeltà.

Sullo scoglio del mio limite imparo a perdonare,
a sostenere gli altri,
a giustificarli, a correggerli, ad amarli,
a vivere di te che sei l'Amore.
Nel tuo amore apprendo la benevolenza
e comprendo che la vita è dono da donare.
E mi accorgo che vivere con te, mio Dio,
è un compito gioioso
e morire in te è il felice atteso appuntamento
con la vita che non muore.

GLI AMICI DI DIO

Senza te, mio Dio,
sconsolati, non sappiamo consolare,
cercati, ci nascondiamo,
sfiduciati, non diamo fiducia.

Ma, se in te confidiamo e di te ci fidiamo,
nella solitudine cerchiamo la tua compagnia
e compagnia sappiamo offrire,
abbandonati,
ci abbandoniamo a te e diventiamo sostegno,
sofferenti, sappiamo sperare
e infondiamo speranza.

Solo chi crede in te, più che in sé,
può comprendere l'essenza dell'amore fra le
frange scomposte di comportamenti imperfetti.
Egli giustifica e discerne,
poiché ha negli occhi il tuo modello d'amore.

O, mio Dio,
donaci di arrivare ai confini del mondo,
per portare nel tuo abbraccio
chi è triste e sconsolato,
per far filtrare la tua luce
a chi è prigioniero del buio,
per portare la tua speranza
a chi non sa più sperare,
per dire a tutti che domani è festa.

SE TU NON FOSSI RISORTO

Se tu non fossi risorto, Signore,
che senso avrebbe attendere a sera inoltrata
la prossima aurora?

Tu hai reso la nostra attesa
carica di consolante speranza,
speranza che ha conosciuto l'Amore
e ne diffonde il profumo,
speranza che viaggia veloce
oltre i confini del tempo,
speranza che cambia il volto di ogni cosa.

Se tu non fossi risorto,
la stanchezza aumenterebbe il suo peso,
i timori oscurerebbero il futuro,
l'insicurezza rallenterebbe il nostro passo.

Se tu non fossi risorto, Signore,
la morte ci farebbe ancora paura.
Ma tu sei entrato nella tomba
per mostrarci che la morte è l'ingresso alla vita.

I TUOI FIORI NEL MIO CUORE

O Signore,
coltivo nell'anima mia
i fiori sbocciati dal tuo amore.
Come un tesoro prezioso li custodisco.
Con gli occhi tuoi li guardo,
nella tua compiacenza mi rispecchio,
nel tuo diletto mi trastullo.

Hanno colori diversi i tuoi fiori, Signore,
rosso è l'amore, blu la sapienza,
rosa la temperanza, verde la speranza,
giallo la luce, bianco la purezza.
Insieme dipingono a festa il cielo.

Signore, Padrone buono del mio giardino,
quando saranno pronte nuove gemme,
le pianterò nei giardini spogli di questo mondo.

E, se mi pungerò fra le spine dei terreni incolti,
le mie gocce di sangue le nutriranno.

Domani altri fiori ancora
sboceranno nel cuore di chi ti ama.
Tu li vedrai sorriderti da questa terra
e il tuo dolore si cheterà.
Dammi i tuoi fiori, Signore,
dammene tanti che affollino il mio cuore.
Ho fretta di distribuirli.

LE MIE RAGIONI E LE TUE

Voglio consegnarti, mio Dio,
le mie ragioni lontane dalle tue,
quelle in cui ho investito le mie migliori risorse
e per cui ho lottato con tutte le mie forze.

Signore, inondami della tua grazia
e dammi vista chiara
sulla sapienza delle tue vittoriose ragioni.
Voglio che diventino le mie.

Le mie vecchie ragioni
mi hanno portato divisioni, infelicità,
solitudine, prigionia.
Le tue ragioni mi regaleranno pace,
intelligenza, comprensione,
accoglienza, libertà.

Non è necessario ragionarvi sopra per capirle.
Le tue ragioni sono le stesse della vita.
Parlano da sole.
Divinamente avanzano,
autorevolmente si impongono,
tutto chiariscono, tutto risolvono.
D'un baleno dissipano contese e incomprensioni,
annientano calcoli umani e congetture,
confondono la mente,
chetano il cuore.

Entra nel campo delle mie battaglie, Signore,
dirigi i miei passi verso le tue vittorie.

ALLE DANZE DELL'AMORE

Conducimi, mio Dio,
alle danze dell'amore
per celebrare il mio incontro con te.
I miei passi cadenzati seguano i tuoi,
i miei occhi innamorati guardino i tuoi.

Dio della mia vita,
sei la mia dolce musica interiore
alle cui note si accorda
il ritmo della mia esistenza!

È musica la tua Presenza
che il tempo non riesce ad oscurare.

È musica pensarti,
parlarti,
crederti,
amarti.

È musica
poggiare il mio capo sul tuo petto la sera,
tenderti le braccia al sorger del sole,
darti il mio bacio di figlia.

È musica sognare il tuo sogno nel mio,
Bellezza infinita,
mio smisurato Bene,
delizia del mio cuore,
causa e fine della vita mia.

COME UN PICCOLO
AGNELLO RIPARATORE

Come un piccolo agnello,
accoglimi fra le tue braccia,
o mio Gesù!
Teneramente curami,
divinamente assistimi.

Medico delle mie ferite,
fa' che a mia volta io possa curare le tue ferite.
Con il balsamo della riconoscenza
voglio curarle,
con la mia fiducia fasciarle.

Oh mio Signore!
Voglio celebrare nel mio cuore
atti riparatori verso il tuo Cuore divino.
Fammi tornare innocente,
amarti dello stesso amor tuo,
sanare il mio debito d'amore.
Della gratuità dell'amor tuo
voglio amarti anch'io.

Oh mio buon Pastore!
Provvido Custode della mia salvezza,
purissima fornace d'amore
accendi sempre di più in me
il desiderio di amarti e consolarti.

Come un piccolo agnello riparatore,
voglio adagiarmi suo tuo Cuore offeso,
scaldarlo, prendermi le tue carezze,
compiacerti con la mia mitezza,
ripararmi nella tua misericordia.

Oh misericordia divina che non avrai mai fine!
Misericordia incarnata
chinati su di noi,
copri con la tua ombra le nostre colpe,
accogli il pentimento dei miseri.

I cuori, addolorati del dolor tuo,
si fondono insieme.
Una scia luminosa che avvolge il mondo
è l'amore delle anime riparatrici,
una scia che traccia sulla terra
la firma di adesione
dei tuoi figli al tuo patto d'amore.

MIA NATURALE DIMORA
È LA TUA VOLONTÀ

Mia naturale dimora è la tua volontà,
Dio della mia vita.

Nella tua volontà voglio perdermi per ritrovarmi.
Nettare per l'anima mia,
amore sospirato dal mio cuore,
certezza maturata nella mia fede
è la tua volontà.
Mia perfetta realizzazione,
mia durevole gioia, unica via
in cui posso incontrare la tua compiacenza
è la tua volontà.
Come il bene più prezioso la desidero.

Medicina alle mie ferite,
lino profumato dove asciugare le mie lacrime,
sollievo alla mia stanchezza,
carezza al mio cuore affranto,
salute, vittoria, riposo dell'anima mia
è la tua volontà.

La tua volontà, Signore, mostrami.
Che io la riconosca fra i miei pensieri più nascosti,
fra i sentimenti più profondi del mio cuore,
nelle prove più dure da portare.
Sì, Signore, che io la riconosca e l'ami.

MIO SALVATORE, SALVAMI

Mai cesserà, Signore, la mia battaglia
contro le presenze nemiche dell'anima mia!
Sempre le combatterò
fino a quando, abbassate le palpebre,
non scivolerò fra le tue braccia
nell'eternità del tuo amore.

Restami accanto nei miei combattimenti,
Signore degli eserciti.
Rendi acuta la mia vista,
affinché io veda la mia colpa
prima ancora che ti offenda.
Rendi affilate le mie armi,
affinché io affronti con coraggio
gli insidiosi tentacoli del male.

Mio Salvatore, salvami!
Liberami dai lacci imbrigliati del mio orgoglio.
Dammi il dolore dei miei peccati.
Fammi gustare il sapore della mortificazione,
salutare medicina per il mio ravvedimento.

Mio Salvatore, salvami!
Restituiscimi la libertà perduta.
Voglio avanzare senza pesi sul monte della Vita,
per incontrare la tua misericordia.

FAMMI DIVENTARE AMORE

O mio Dio, con te guardo
oltre l'orizzonte del mio tempo
e mi appare piccolo l'oggi
e infinito il domani.

Finirà il tempo e rimarrà l'eterno
e l'eterno sei tu che sei l'Amore.
Amore ti rivelasti,
piccolo e povero
nella culla di Betlemme,
Consolatore pietoso
per le vie della Palestina,
Agnello sacrificato e trafitto
sulla collina del Golgota.

O mio Dio, che sei l'Amore,
a te mi offro così come sono,
con tutto ciò che tu hai voluto e vorrai per me.
Fammi diventare amore,
amore che consola, amore che ripara,
amore che piange e che sorride,
amore che attende,
amore che corre,
amore sempre presente.

E, quando sarò amore, portami con te.
Insieme andremo per le vie del mondo,
accanto a quel vecchio che piange la sua solitudine,
a quel malato terminale che teme la morte,
a quella donna piegata in se stessa
sui suoi sogni calpestati,
a quella madre che stringe al seno suo figlio
imbrattato di sangue,
a quella bimba che vuole svegliare
la sua mamma uccisa da un'overdose.

Portami, Dio della Croce,
dove tu non sei pensato.
Portami nei luoghi del dolore
e in quelli dell'amore vissuto senza te.

Quanto è triste, mio Dio, il dolore umano
privo del pensiero all'amore divino
e quanto è povero l'amore umano
privo del pensiero al dolore divino!

ENTRA, SILENZIO

Entra, silenzio, nell'anima mia.
Fatti largo fra le voci del tempo.
Entra e parlami di Dio.
Entra e parlami di me.
Dimmi, silenzio,
quello che il mio cuore ama sentire.
Voglio riposare nella soave leggerezza
del bene infinito.

RABBUNÌ, DOVE SEI?

Rabbunì, dove sei?
Mostrami il tuo volto.
Mostrami l'amore.

Guardami.
Parlami.
Consolami.
Il mio cuore ha bisogno di te,
ha bisogno di ricevere da te
quello che in segreto spera.

Non farti più attendere, ti prego.
Soccorrimi,
guariscimi,
salvami,
conquistami all'amore.

Rabbunì, dove sei?
Nell'ombra di questo tempo io ti cerco.
Non farti più attendere. Ti prego!
Come allora per le vie della Galilea,
anche ora fermati alla mia porta,
oggi stesso.
Oggi stesso entra nella mia casa
e sii il benvenuto.

Rabbunì, dove sei?

LIBERAMI, SIGNORE

Liberami, Signore,
dai nemici dell'anima mia.

Manda schiere angeliche
in mio soccorso, Signore!
Angeli addestrati alle sante battaglie
mi difendano!

Prepara, mio Dio, attorno a me
schieramenti celesti,
perché le mie forze vengono meno.
Non accada che io ceda
alle subdole ostilità nemiche.

Ecco, sono ancora nel tuo abbraccio
e già la superbia prepara il suo prossimo tiro.
A tranello si insinua nei miei pensieri
e agita il mio cuore.
Perfino ai godimenti del mio spirito attenta,
mutandoli, a tradimento, in moti di orgoglio.
Attendo le ore della notte come tempo di tregua
alla vigilanza armata a cui mi costringe.

Ma tu soccorrimi, Signore,
soccorrimi e liberami!

Rendi in me affilata la spada
della mortificazione interiore,
affinché io non dimentichi chi sono
e con coraggio smascheri
i nemici dell'anima mia.

Che io non sia vittima dell'ignavia
e nemmeno del facile entusiasmo,
non indulga in ostentazioni presuntuose
e ancor meno in false modestie
ma desideri ardentemente l'umiltà verace,
memore di me e di te, mio Sovrano,
mio Signore e mio Dio.

LA GIOIA DI ESSERTI FIGLIA

Nuvole scure ci sovrastano, Signore,
ma tu sei con noi.
Ombre di morte si aggirano attorno alle nostre case
ma tu sei la Vita.
Il male attenta alle nostre vite
ma tu sei il bene che vince.

Miserie umane ci affliggono
ma tu sei la nostra consolazione.
Nubi di disarmonia destabilizzano
i nostri sogni d'amore
ma le tue eterne armonie sono impresse
nell'anima nostra.

Non c'è più chi sorrida
ma il cielo parla dei tuoi sorrisi.
Non più dolci parole fra noi
ma tu continui a parlare d'amore ai nostri cuori.

Tristi solitudini ci attanagliano
ma tu ci intrattieni nella tua amabile compagnia.
Il mondo si beffa dei cuori innocenti
ma in loro c'è l'eco dei tuoi palpiti.

Mio Dio, voglio darti la gioia di esserti figlia
e chiamarti col tuo nome,
Padre della vita.

LA MATURITÀ DELLA FEDE

Voglio gustare nell'anima mia
la gioia di donarti i miei istanti di vita, mio Dio,
così come il tempo me li propone,
come la malattia me li infligge,
come i sentimenti li alternano.
Voglio vivere la gioia festosa
di rinnovarti questo mio dono
attimo dopo attimo.

Tu mi sei accanto.
Altro non desidera il mio cuore che te,
mio Maestro, mio Re, mio Condottiero.
La vittoria è compagna dei miei passi;
anche nel buio mi accompagna.
Vincerò, perché vinceremo.

O mio Signore,
consegno la mia impotenza alla tua potenza,
la mia povertà alla tua ricchezza,
la mia umanità alla tua divinità.
Do le spalle alle minacce della paura
e fisso il mio sguardo su di te.
Se i nemici mi assediano,
il mio cuore non teme.
Se scende la sera sui miei sogni,
è la tua promessa a darmi fiducia.
Il tuo sorriso m'incoraggia
anche se non ti vedo,
perché tu sei l'eterna Presenza d'amore,
l'invisibile Verità,
la Speranza che mai delude.

L'ALBERO DELLA CROCE

Voglio conoscere i tuoi dolori, Signore,
entrare nella profondità incandescente
del tuo Cuore divino,
ardere dell'amor tuo.

Voglio raccogliere le tue lacrime,
sognare i tuoi sogni,
sentire il peso dell'umana ingratitudine
che ancora ti crocifigge.

Nel tuo Cuore trafitto voglio dimorare,
sperimentare la dolcezza
del tuo purissimo amore,
esplorare la miniera di diamanti
che è il mio dolore umano vissuto in te.

O mio Salvatore e Redentore, non voglio più
staccarmi dall'albero della tua Croce!
La sua ombra mi offre riposo.
I suoi frutti mi nutrono.
I suoi rami mi sostengono.
Fra le sue fronde filtra il sole che mi scalda.
In alto lo sovrasta l'immenso cielo che mi attende.

Cattedra di ogni santo insegnamento
è la tua Croce, Signore.
Sotto l'albero della tua Croce
comprendo che le ore del dolore
sono il capitale che tu mi offri
per investire al meglio la mia vita.

Quando i miei giorni assegnati saranno compiuti,
il tempo della mia vita terrena
sarà diviso in sezioni.
Ogni tempo avrà il suo peso
e la sua misura di investimento.
Il tempo della sofferenza
sarà quello che avrà più valore
e la misura del suo impiego
avrà la massima valutazione.
Così è stato nella tua vita terrena, mio Signore.
I tuoi tempi ebbero tutti un valore inestimabile,
ma le ore della Croce
furono quelle della nostra salvezza!

O GESÙ, RAGIONE DELL'AMORE

O Gesù, ragione dell'amore,
non si lascia raggiungere da te
chi non libera il cuore del suo proprio peso.
Né si accorge di te, Uomo dei dolori,
chi resta prigioniero del proprio dolore.
Né si abbevera alla Sorgente dell'amore
chi si fa un'idea dell'amore a propria misura.

Dio, che sei l'eterna Verità,
fa' che l'uomo ti riconosca,
che la sua scienza
non invecchi il bimbo che c'è in lui.
Solo i passi dell'infanzia
lo condurranno a te.

O Gesù, ragione dell'amore,
raccogli per le strade del mondo
tutto l'amore inespresso,
negato, rifiutato, offeso.
Raccoglilo e rigeneralo,
affinché possiamo riconoscerti
in tutti i volti della nostra storia.

O Gesù, eterno amore,
imprimi nell'anima nostra
la musica ineffabile del tuo Cuore,

fa' vibrare in noi
la tua vita misteriosa e inafferrabile,
imprimila nell'anima nostra in modo indelebile,
incarnala in ognuno di noi profondamente.

Tu, che sei il compimento
della perfezione dell'amore,
educa il nostro cuore alla fedeltà al tuo amore
e sapremo che l'amore non conosce insuccessi.

O Gesù, causa, senso e scopo del nostro amore,
risplenda la tua luce sui gemiti del nostro cuore,
si scopra il tuo sorriso nella nostra gioia.

Autore e Sovrano della nostra vita,
Artefice supremo della nostra felicità,
per il tuo amore aumenta la nostra fede,
addestra le nostre menti alla saggezza,
fortifica il nostro cuore contro le paure,
dirada le nuvole della tristezza,
apri le strade che sembrano chiuse.

O mio Gesù,
ragione dell'amore,
che ti compiaci di vedere
riflesso in noi il tuo amore,
riempi le nostre ragioni del tuo amore.

FRATELLI NEL SANGUE DI CRISTO

O Gesù, Volto mirabile del divino amore,
nostalgico Maestro e Cantore della vita,
quando ci insegnasti il Padre nostro,
pensavi che saremmo stati un popolo
di fratelli uniti sotto lo stesso cielo,
che ci saremmo guardati reciprocamente
con lo sguardo riflesso del Padre.

Pensavi alla nostra gioia di figli
di un Padre divino,
rifugiati nel porto sicuro della fede.
Pensavi che saremmo stati legati fra noi
da sentimenti fraterni,
che avremmo attinto felicemente
all'amore soprannaturale,
che nella preghiera collettiva
ci saremmo ritrovati in un unico corpo con te,
nutriti dal tuo sangue eucaristico.
Ci immaginavi serenamente fiduciosi
della tua protezione,
fedeli a nostra volta per la tua fedeltà.
Ti aspettavi la nostra riconoscenza
per essere stati salvati, redenti
e avere acquistato l'eredità del Regno dei cieli.

Pensavi che avremmo gioito di queste verità,
che avremmo gareggiato in generosità
verso te e fra di noi,
che saremmo stati animati da zelo apostolico
senza alcun vanto
ma con umile spirito di servizio.

Questo pensavi, Signore.
Ma così non è stato.
Stipati in questo mondo affollato,
siamo estranei gli uni agli altri,
ci guardiamo fra noi sospettosi
in continua competizione
per le ambizioni terrene.
Viviamo tristemente i nostri giorni
rincorrendo misere glorie,
pur sapendo che dovremo lasciarle.

O Gesù, che ami i semplici e i puri di cuore,
rendi i nostri cuori simili al tuo!
Fa' che ci riconosciamo nelle comuni fatiche
e nelle comuni speranze,
che il nostro tempo sia tempo di incontro,
di comprensione, di benevolenza.

O Gesù, celeste Riparatore, ripara i nostri cuori!
Preparaci all'incontro con te.

OH TRINITÀ BEATA!

Oh Trinità beata,
Vita ardente dell'eterno Padre!
Oh vivacità dell'Essere!
Oh Sorgente di ogni cosa creata,
la cui bellezza supera ogni umana conoscenza!
Oh fiorire sublime di armonie e soavità celesti,
che la sensibilità umana, perfino la più sottile,
riesce appena a percepire!
Oh Cuore divino, abisso di bene,
Luce che non ha mai fine!

Palpito d'amore,
che ci volesti figli del Dio Uno e Trino
e cittadini del cielo,
congiungici a te in un vincolo indissolubile,
così che nel mondo tutto si veda
dal cristallo dell'eternità
e nel riflesso della tua luce.

OVUNQUE TU SEI

Ti riconosco, mio Dio,
nei sorrisi di un bimbo,
nella sensibilità delle anime buone,
nella semplicità degli umili,
nell'autorità dei grandi.

Ti riconosco
nel dolore che ci lega alla croce,
nel pianto dei diseredati,
nella solitudine degli abbandonati.

Ti riconosco
nelle musiche più austere
e in quelle allegre che invitano alle danze,
nei fiori gentili,
nelle distese azzurre del mare,
nelle vette superbe dei monti.

Ovunque tu sei, mio Dio,
nel buio e nella luce della storia umana,
nel canto degli innamorati,
nell'ultimo respiro dei moribondi.

Ovunque tu sei,
cosmica Presenza immortale.
Nel silenzio ascolto il tuo linguaggio
e nella quiete ne capisco il senso.

PRESENZA INNAMORATA

Amato e buon Gesù,
le braccia ancora spalancate sulla Croce,
la mano sempre tesa,
la piaga del costato raggiante di luce,
i tuoi passi accanto ai nostri!

Amabile Presenza del nostro peregrinare,
Compagno nella quiete,
sostegno nella tempesta,
Luce nel buio,
Maestro nel dubbio!

Oh compassionevole Gesù,
soccorso dei disperati,
consolazione degli afflitti,
rifugio dei diseredati,
Padre, Sposo, Compagno, Amico, Fratello,
tu sei sempre con noi.

Oh divina Presenza innamorata,
centro e culmine della nostra vita,
prendici per mano,
elevaci sulla Croce,
portaci sulla via della salvezza!

AMABILE SPERANZA

Oh amabile speranza,
sottile brezza dell'anima nostra!
Tu scopri le maschere della paura,
ci armi di fiducia,
superi il pianto,
sorpassi le pene,
vinci la stanchezza.

Oh speranza,
che parli di Dio in ogni luogo del creato!
Tu porti il sorriso a ogni creatura,
lo restituisci a chi ne è stato derubato,
lo scopri a chi non lo ha mai conosciuto.

Oh speranza, dolce sollievo dell'anima nostra!
Sul volto divino del Golgota
tu ci mostri quello trasfigurato del Tabor
e ci annunci quello glorioso del cielo.

Amabile speranza,
felice anticipazione dell'eterno gaudio,
non ci spaventa la precarietà terrena
se abbiamo te nel cuore.

AMA IL TUO NEMICO

Il mio nemico mi sta sempre dinanzi
e a causa sua si agita il mio cuore.

Ti guardo, mio Sovrano Signore,
e ti avverto distante dai miei pensieri d'oggi.
Tu, mio Modello, mio Re, mio Pastore,
mi guardi e taci.
Il tuo silenzio fa eco nell'anima mia,
e mi inquieta, e mi interroga.

Tua Madre, mia Madre,
non condannò i tuoi assassini.
Uccidevano un Giusto, un Buono, un Santo,
uccidevano suo Figlio,
uccidevano Dio
cresciuto nel suo seno,
allevato con le sue cure di Madre, Sposa
e Figlia dell'Altissimo.
Eppure il suo cuore verginale non si scagliò
a giudicare i tuoi persecutori, né si irrigidì,
né mai li disconobbe come figli.
Pianse e pregò.

Pregava e piangeva con la pace nell'anima sua,
tua Madre, mia Madre!

Il suo dolore abbracciava l'amore
e l'amore santificava il dolore.

Ti chiedo la grazia di saper perdonare, mio Dio.
Tutto ciò che agita il mio cuore e la mia mente
depongo ai tuoi piedi e consegno alla tua bontà,
pietoso Medico dell'anima mia.

Non è forse il mio nemico lo stesso uomo
per cui tu sei morto d'amore crocifisso?
E tu non subisti forse la croce anche a causa mia?

Da quel legno ancora una volta
miracolosamente cambiami il cuore.

Guariscimi, mio Dio!
E per la tua grazia amerò colui che condannavo.

CANTO TE, MIO SIGNORE

Non voglio angustiarti, Signore,
con la mia malinconia,
né addolorarti
con le mie ansie,
né stancarti
con le mie lamentele.

Sulla mia desolazione
alzo il canto della fede.
Sulla mia debolezza
canto la tua forza
e sulla tristezza d'oggi,
la mia gioia di domani.

Canto te, mio Salvatore,
crocifisso perché io avessi la vita.
Canto te, che hai sconfitto la morte.
Canto te, il Vittorioso di sempre.
Canto te, mai assente.
Canto te, che sei il mio tutto.

Canto te,
perché io sono il tuo canto.

SCENDE LA SERA

Scende la sera,
culla del tuo amore,
Dio mio e Padre mio.
Sono spenti i riflettori sulla scena del mondo.

Tu, Sovrano della vita, sua Sorgente,
hai atteso questo momento di riposo
per custodire nel tuo grembo la tua creatura
senza che lei faccia resistenza.
Il suo cuore è sopito,
debole è la fiamma degli altri amori.
Con quanta tenerezza, Padre,
la guardi nel silenzio della notte!

L'hai fatta per te.
È tua.

Non passate, ore della notte!
Si fermi il tempo!
Indugia tu, alba, ad arrivare!

Il Cuore divino placa
il suo affanno d'amore nella quiete.

LA FESTA DI DOMANI

Arriverà l'alba del nuovo giorno,
quello che nasce per mai più finire!

Arriverà. E come l'attendo!
Arriverà con la sua rugiada
l'aurora senza tramonto,
arriverà per condurmi nelle valli dell'amore
e l'amore cancellerà
ogni cosa che non sia esso stesso.

Arriverà. E come l'attendo!
Nei giorni del dolore la invoco, perché sia domani.
Nei giorni della gioia, vorrei già esserci.

Quanto mi appare lunga la stagione terrena,
mio Dio!
È un attimo che dura troppo.
Lo vivo pensando a domani
ma l'attesa appare interminabile,
perché la festa di domani
è di inestimabile bellezza.

Il tuo splendore, però, è qui già qui
se ti penso vivo fra noi.
Del tuo splendore voglio illuminare il mio tempo,
dei colori del Paradiso colorare il presente,
far rieccheggiare i suoi suoni nelle mie parole,
far passare il tuo Spirito attraverso il mio.

Domani è già adesso, mio Signore,
se non distolgo il mio sguardo da te.

INDICE

Printed in Great Britain
by Amazon